AF409573

¡AVANZA!

TIM CHALLIES

Avanza

Traducido con permiso del libro *Advance*© Tim Challies 2018 publicado por *Crusiform Press*, Minneapolis, Minesota.

Traducción: Aranza Erazo
Editor General: Rudy Ordoñez Canelas
Lecturas de prueba: Nedelka Medina
Revisión del libro: Juan Sebastián Rojas
Diseño y maquetación: David Studios Co.

Agradecemos la ayuda brindada por Diego y Nedelka Medina, como también a *Tim Challies en Español* por hacer posible la traducción y publicación de este libro.

Primera impresión 2022 en Colombia

ISBN Impreso: 9789584977199

Monte Alto Editorial
www.montealtoeditorial.com/

ACERCA DEL AUTOR

Tim Challies es uno de los blogueros cristianos más leídos en los Estados Unidos y cuyo Blog (challies.com) ha publicado contenido de sana doctrina por mas de 6000 días consecutivos.

Tim es esposo de Aileen, padre de dos hijas adolescentes y un hijo que le espera en los cielos. Ha escrito libros como *El Caracter del Cristiano*, *Sé Ejemplo* y *Envejcer con Gracia*, entre otros. Sirve como pastor en la iglesia Grace Fellowship de Toronto, Ontario.

Índice

Paciencia, prioridades y preparación

Nadie dejó una huella más profunda e inolvidable en la historia que Jesús de Nazaret. En su nacimiento, vida, muerte y resurrección impactó vidas, transformó naciones y cambió el mundo. Por una buena razón, medimos la historia del tiempo con el antes y el después de Su nacimiento. Él se sitúa para siempre en el centro mismo de la existencia humana.

Sin duda, Jesús vivió una vida de gran importancia. Ahora bien, me pregunto si alguna vez has considerado esto: Jesús no alcanzó logros significativos antes de Sus treinta años. Lo sabemos por los relatos evangélicos, ya que después de Su muerte cuatro hombres escribieron biografías detalladas de Su vida: Mateo y Juan, que eran Sus amigos, y Marcos y Lucas, que eran amigos de Sus amigos. Estos hombres hablaron con Su familia y Sus seguidores, entrevistaron a personas que Lo conocieron, de este modo, recopilaron todos los datos, pero de toda su investigación, solamente mencionaron un único detalle sobre la adolescencia y los veinte años del Señor: era un carpintero. Un hombre común y corriente con un trabajo común y corriente.

A algunos de los primeros entusiastas religiosos les pareció demasiado difícil de creer, así que adornaron Su historia con relatos de milagros infantiles. El Evangelio de Tomás, escrito más de cien años después de Su muerte, inventa historias de un joven Jesús que resucita a los muertos y forma pájaros de arcilla para darles vida. Sin embargo, sabemos que son tonterías y un intento de dar sentido a Su normalidad y de excusar Su temprana falta de logros. En realidad, uno de los hechos más notables sobre Jesús es lo poco notorio que fue en Su adolescencia y a Sus veinte años.

Sólo Mateo y Lucas registran los hechos que rodean el inusual nacimiento de Jesús, mientras que Marcos y Juan se saltan por completo Su infancia y comienzan sus narraciones cuando Jesús ha pasado ya los treinta años de vida. Sólo Lucas muestra una visión de Jesús en Su infancia, pero luego, el registro guarda silencio hasta que dice: "Y cuando comenzó Su ministerio, Jesús mismo tenía unos treinta años,..." (Lucas 3:23). De todo lo que sabemos sobre la vida y los hechos de Jesús el Mesías, casi todo tiene lugar en una ventana de tres años, en algún momento después de Su décimo tercer cumpleaños.

Esto no quiere decir que ese tiempo de silencio se haya desperdiciado o que no haya servido para nada. Al contrario, los muchos años de anonimato fueron fundamentales para los pocos de visibilidad. El Jesús de los tres años de ministerio público se formó durante los treinta años de vida privada. El diez por ciento de Su vida que fue cuidadosamente registrada no puede separarse del 90 por ciento de que no lo fue.

Podemos ver algo de estos años de silencio en la narración de Lucas, quien nos ofrece un relato de Jesús cuando tenía doce años, explicando que se sometía voluntariamente al cuidado y a la supervisión de Sus padres. Luego, nos presenta un breve resumen de lo que hizo Jesús entre los doce y los treinta años: "Y Jesús crecía en sabiduría, en estatura y en gracia para con Dios y los hombres" (Lucas 2:52). En todos estos años de silencio, Jesús fue avanzando en obediencia, sabiduría, estatura y gracia tanto con Dios como con los hombres. De esta manera, vemos que Jesús estaba realmente lleno de logros en Su niñez, adolescencia y a Sus veinte años. Sus logros fueron de carácter; Su período de silencio sentó los cimientos del carácter piadoso que lo capacitaría y sostendría mientras cambiaba el mundo.

En este libro quiero considerar lo que Jesús logró en estos años de silencio y mostrar cómo fueron cruciales para lo que llegaría a ser y lo que lograría. A partir de la vida de Jesús, quiero animar a los jóvenes cristianos a aprovechar al máximo su adolescencia y su década de los veinte para avanzar principalmente en los logros del carácter. Muchos jóvenes cristianos tienen el noble deseo de cambiar el mundo y hacer grandes cosas, pero en la mayoría de los casos Dios pretende cambiarlos primero a ellos, y hacer grandes cosas en sus corazones y mentes.

Lo que sigue no será un llamado a la apatía perezosa, sino a la prioridad deliberada. Voy a llamar a los cristianos más jóvenes a ser pacientes, a establecer prioridades correctas y a hacer de sus años de juventud un tiempo de preparación. Voy a pedirles que utilicen estos años no para centrarse en los logros externos para dar forma al mundo, sino en los logros internos para dar forma a su vida. Quiero asegurarme de que a medida que avanzan en la vida, avancen primero en el carácter. En resumen, quiero llamarlos a ser como Jesús.

GUÍA DE ESTUDIO

1. ¿Cómo definirías una vida de éxito?

2. ¿Qué tipo de objetivos te has trazado para el tiempo que te queda de adolescencia?

3. ¿De qué tipo de logros externos te sientes más orgulloso?

4. ¿De qué logros internos estás más orgulloso?

5. ¿Mides tu fe por tus logros externos o por tus logros internos?

CAPÍTULO 1

Una búsqueda clave para los jóvenes cristianos

Imagina por un momento que te han encargado la elaboración de un plan de vida para la persona más importante de toda la historia de la humanidad: el Mesías, el Hijo de Dios, quien vendrá pronto a la tierra y permanecerá aquí durante algo más de treinta años. Será plenamente hombre, por lo que habrá que planificar teniendo esto en mente, dándole tiempo para crecer desde la infancia hasta la madurez, asegurándote de que tenga momentos de devoción para refrescar Su alma y de sueño para refrescar Su cuerpo. Sin embargo, también será plenamente Dios, así que tendrás que asegurarte de que utilice Su perfecto conocimiento para explicar la voluntad de Dios y Su perfecto poder para realizar increíbles milagros. De ti depende planificar el tiempo entre Su nacimiento y Su muerte.

Si te dieran esa tarea, lo más probable es que planearas que Jesús viviera la mayor parte posible de Su vida a la vista del público. Querrías que predicara todos los sermones que pudiera, realizara todos los milagros, contara todas las parábolas y exorcizara a todos los demonios. Planearías que creciera rápidamente, para que pudiera ministrar en público tan pronto como fuera posible durante el mayor tiempo posible. Después de todo, no querrías que desperdiciara ninguno de estos preciosos años.

El Mesías, el Hijo de Dios, vino realmente a la tierra, pero le correspondió a Dios —no a ti, ni a mí— marcar el rumbo de Su vida, lo cual planeó de manera muy diferente a como nosotros lo habríamos hecho. Jesús vivió unos treinta y tres años, aunque todo Su ministerio público se desarrolló en los tres últimos. Pasó el noventa por ciento de Su vida en la oscuridad y sólo el diez por ciento en el ojo público. Por cada año que se registró, hubo diez que no se registraron. Dios organizó el itinerario y eligió que Jesús pasara treinta años de preparación silenciosa para Sus tres años de actividad pública.

Debería ser a la vez reconfortante y desafiante considerar que el perfecto y sin pecado Hijo de Dios, celebró Su décimo tercer cumpleaños sin ningún logro que acreditarse. Hasta ese momento, Sus acciones y logros habían sido tan poco notables que Su familia y Sus vecinos se quedaron atónitos cuando por fin comenzó Su ministerio público. Cuando empezó a enseñar con autoridad y a realizar grandes milagros, Sus vecinos se burlaron diciendo: "¿No es éste el carpintero?", mientras que Su avergonzada familia intentaba hacerlo a un lado. Sin embargo, Sus años de silencio no fueron años perdidos. Su tiempo entre la infancia y la plena edad adulta tuvo un propósito: lo utilizó para lograr grandes cosas aunque fueran invisibles. Vivió estos años tan bien que el propio Dios habló desde los cielos para elogiarlo.

Este libro trata sobre las prioridades de los jóvenes cristianos. El título y la estructura están extraídos de la vida de Jesús, de las palabras de uno de Sus biógrafos que, en una frase, resume Su adolescencia y Sus veinte años: "Y Jesús crecía en sabiduría, en estatura y en gracia para con Dios y los hombres" (Lucas 2:52). En este capítulo, vamos a considerar la sencilla palabra "crecía", y cómo esta desafía a los jóvenes cristianos a una búsqueda clave.

UNA BÚSQUEDA CLAVE

La idea de que la vida no mejora más allá de la adolescencia y los 20 años, está muy arraigada en la moderna forma de vida occidental. Este tema está en el corazón de miles de producciones de Hollywood y canciones cursis de pop. Son los años en los que se es más despreocupado, en los que las expectativas son bajas y en los que la responsabilidad es mínima. Son los años en los que uno no se ve limitado por la carrera, el matrimonio y los hijos. De acuerdo con esta ética, estos años son los mejores para satisfacer todos los deseos, todas las libertades y todas las fantasías, antes de que te veas obligado a rendirte a lo inevitable y a asentarte en la edad adulta.

Muchos cristianos han contraatacado enseñando a los jóvenes creyentes a aprovechar estos años para fines más elevados y actividades más nobles. De manera correcta, enseñan que las mismas actividades que el mundo defiende son las que realmente mancharán y desperdiciarán sus años. Sustituyen las bajas expectativas del mundo por las altas expectativas de la Palabra de Dios. Muy bien, y de acuerdo. Sin embargo, aunque esta es una reorientación saludable, puede llevar a los jóvenes cristianos a creer que para aprovechar al máximo su adolescencia y sus veintes , deben tener logros que puedan ser exhibidos: haber escrito un libro, haber sido ponentes en una conferencia o haber fundado una organización benéfica. Deben tener algo que les haya prometido elogios y el respeto de los demás. Como mínimo, llegan a pensar que las personas que pueden exhibir tales logros son las que más han agradado a Dios y las que mejor viven ante Él.

Siento una profunda admiración por los jóvenes cristianos que quieren marcar la diferencia en su iglesia, en su comunidad y en su mundo. Nunca desearía sustituir el entusiasmo por la apatía. Sin embargo, tengo que plantear la cuestión de las prioridades e insistir en que la prioridad más importante para los adolescentes y los veinteañeros no son los logros externos, sino los internos. La prioridad número uno para los jóvenes cristianos es avanzar en el carácter. La vida no se acaba a los treinta años, sino que recién inicia. La adolescencia y la década de los veinte no son el momento de vivir una vida completa, sino de prepararse para una vida completa. En estos años, los jóvenes cristianos necesitan prepararse para el resto de la vida cimentando un fundamento de carácter piadoso que los sostendrá por los muchos años que están por venir.

Esto no significa que los jóvenes cristianos deban sustituir los logros externos por un trabajo más pausado sobre su carácter. El avance de Jesús en Su carácter durante Su adolescencia y Sus veintes no fue nada fácil. Lo sabemos porque la palabra traducida como "crecía" en Lucas 2:52 tiene el sentido de avanzar contra obstáculos e impedimentos. No es la palabra para un paseo tranquilo en el parque, sino para abrir un camino en el bosque. Jesús es un modelo del tipo de trabajo más extenuante y exigente para los jóvenes cristianos: el trabajo de desarrollar el carácter.

El propio Jesús necesitó tiempo para prepararse para el ministerio público. Y si Jesús necesitó tiempo para prepararse para el trabajo de Su vida, ¿no vale la pena considerar que quizás tú también lo necesites? Si incluso Él estuvo dispuesto a dejar de lado los logros externos para centrarse primero en los internos, ¿no deberías estar tú dispuesto a hacer lo mismo? Incluso Jesús tuvo que "ser" antes de poder "hacer", y tuvo que desarrollar Su carácter antes de poder ministrar eficazmente. Al final, Jesús utilizó el noventa por ciento de Su vida en la preparación. Sin embargo, estos años de preparación no frustraron a Dios ni a Sus propósitos. Por el contrario, complacieron a Dios y cumplieron Sus propósitos.

MUY SATISFECHO

El ministerio público de Jesús comenzó con Su bautismo. Su primo Juan había ido "por toda la región contigua al Jordán, predicando un bautismo de arrepentimiento para el perdón de los pecados" (Lucas 3:3) y advertía a la gente para que se apartara de su pecado y se preparara para la venida del Mesías. Las multitudes acudían a Juan para escuchar su mensaje y responder en arrepentimiento, confesión y bautismo. Acudían tantos que Mateo dice que: "Acudía entonces a él Jerusalén, toda Judea y toda la región alrededor del Jordán" (Mateo 3:5). Se estaba produciendo un auténtico renacimiento.

Entonces un día aparece Jesús. Cuando tiene unos treinta años, viene de Galilea al Jordán y le pide a Juan que lo bautice como a todos los demás. Juan conoce la verdadera identidad de Jesús y por tanto, se escandaliza y se ofende ante la idea de bautizarlo. "Pero Juan trató de impedírselo, diciendo: Yo necesito ser bautizado por Ti, ¿y Tú vienes a mí?" (Mateo 3:14), pero Jesús insiste, diciendo: "Permítelo ahora; porque es conveniente que cumplamos así toda justicia. Entonces Juan se lo permitió" (versículo 15). Juan consiente y baja a su primo al agua.

Cuando Jesús sale de las aguas del río Jordán, ocurre algo extraordinario. Los cielos se abrieron y el Espíritu Santo descendió sobre Él en forma corporal, como una paloma, y se oyó una voz del cielo: "Tú eres mi Hijo amado; en Ti me complazco" (Lucas 3:21-22). Dios Padre le dice a Dios Hijo que se complace en Él, que está satisfecho con la vida que ha vivido. "Me complazco en Ti, apruebo Quien eres. Estoy satisfecho con lo que has logrado".

¿Qué ha hecho Jesús? Por lo que sabemos, hasta este

momento, Jesús tiene un currículum de una sola línea: carpintero. Todavía no ha predicado Su primer sermón, no ha contado Su primera parábola, no ha exorcizado Su primer demonio y tampoco ha realizado Su primer milagro. No tiene medallas que colgar en Su cuello, ni premios para portar en Su pecho, ni elogios que recortar del periódico local y pegar cuidadosamente en Su álbum de recortes.

Sólo puede acreditarse los logros en Su carácter. Ha avanzado cuidadosa, deliberada y sustancialmente en Su carácter, lo cual es suficiente. Es más que suficiente para Dios, Su Padre. Ha hecho lo que Dios le ha llamado a hacer durante treinta años: Ha avanzado en obediencia, sabiduría, estatura y gracia tanto con Dios como con los hombres. Se ha preparado en la oscuridad para un ministerio que cumplirá abiertamente, ha obedecido a Dios y está preparado para lo que Dios tiene para Él.

Joven cristiano, mira a Jesús y observa que los avances más importantes que puedes hacer en tu adolescencia y en tus veintes son los de carácter. Es en estos años que establecerás un fundamento de carácter piadoso capaz de guiarte y sostenerte por toda la vida. Tu búsqueda clave para tu adolescencia y juventud debe ser avanzar. Sigue a tu Salvador y avanza en el carácter piadoso, avanza en la obediencia, avanza en la sabiduría, avanza en la gracia para con Dios y con los hombres.

1. ¿Cómo has creído las ideas del mundo sobre tu adolescencia? Estas ideas pueden variar desde estar justificado por desperdiciar tus años con diversión y placer o quizás ser conocido por un logro increíble.

2. ¿Te das cuenta cómo esta mentalidad afecta tus actitudes hacia la responsabilidad y a tu entendimiento sobre la vida adulta? ¿Te das cuenta cómo afecta a los objetivos y planes que te propones?

3. ¿Cómo te ves marcando la diferencia en tu familia, en tus amistades, en la escuela, en la iglesia y en la comunidad?

4. ¿Te estás preparando para la edad adulta? ¿Cómo?

CAPÍTULO 2

Avanza en sumisión

¿Por qué nació Jesús en el mundo como un bebé en lugar de llegar como un hombre adulto? ¿Realmente tuvo que soportar la infancia con su impotencia, la niñez con su ignorancia y los años de adolescencia con su torpeza? ¿Por qué no llegó a los 30 años, cumplió su misión en tres años y escapó rápidamente de este mundo manchado por el pecado?

El autor de la carta a los Hebreos responde a nuestras preguntas: "y aunque era Hijo, aprendió obediencia por lo que padeció; y habiendo sido hecho perfecto, vino a ser fuente de eterna salvación para todos los que le obedecen," (Hebreos 5:8-9). Para cumplir Su misión, el Hijo de Dios tuvo que vivir una vida completa como hombre. Tuvo que ser un bebé,, tuvo que ser un niño, un adolescente, un joven adulto y un hombre adulto. Tuvo que enfrentar y soportar las tentaciones que vienen con cada una de las etapas de la vida. Tuvo que ser tentado de pequeño a desafiar a Sus padres; de adolescente, a vengarse de Sus hermanos y hermanas pecadores; de adulto, a ser irascible y de lengua afilada. Fue tentado de todas las maneras en que nosotros lo somos, pero nunca pecó (Hebreos 4:15).

Sin embargo, no sólo tenía que evitar la tentación; también tenía que expresar una obediencia perfecta. Tenía que evitar perfectamente los pecados de cada uno de los diez mandamientos y también modelar la adhesión completa a ellos. Tenía que evitar la adoración de todos los demás dioses y también tenía que adorar al Dios vivo y verdadero. Tenía que evitar tomar el nombre de Dios en vano y también tenía que hablar siempre bien del Padre. Tenía que abstenerse de asesinar y también tenía que expresar amor a todas las personas en todo momento. Los mandamientos de Dios no son sólo pecados que hay que evitar, sino también justicia que hay que obedecer. En toda la historia, sólo Cristo ha evitado perfectamente todos los pecados y ha llevado a cabo perfectamente toda la justicia. Es por esto que puede ser nuestro salvador.

Entre estos 10 mandamientos, hay uno que destaca como especialmente inusual para que lo obedeciera el Dios encarnado: "Honra a tu padre y a tu madre, para que tus días sean prolongados en la tierra que el Señor tu Dios te da" (Éxodo 20:12). Para que Jesús viviera una vida perfecta y obedeciera perfectamente la ley de Dios, tendría que honrar a Sus padres. El que había existido desde la eternidad tendría que obedecer a los seres mortales y, Él, que había creado también todas las cosas tendría que honrar a los que había traído a la existencia. Él, el perfecto Hijo de Dios, tendría que someterse a una madre y a un padre imperfectos. Para ser un Salvador adecuado, tendría que someterse voluntariamente a María y a José.

Al continuar nuestra mirada a los años silenciosos entre la infancia de Jesús y Su ministerio público, nos encontramos por primera vez con Su sumisión. Lucas comenta estos 18 años cuando dice: "Y descendió con ellos y vino a Nazaret, y continuó sujeto a ellos" (Lucas 2:51). Jesús utilizó Su adolescencia y Sus veintes para avanzar en la sumisión. Como veremos, esta sumisión obediente fue esencial para los otros avances que Lucas destaca: avances en sabiduría, estatura y gracia. De Jesús aprendemos que los jóvenes cristianos que desean avanzar en esas otras nobles cualidades, deben avanzar primero en la sumisión.

ERA SUMISO A ELLOS

Los niños son rebeldes por naturaleza. De pequeños, empiezan a expresar su descontento con sus padres y a desafiar toda forma de autoridad. María y José llegaron a tener una familia numerosa y habrían hecho todo lo posible para educar a sus hijos en la disciplina y la instrucción del Señor. Les habrían dicho a sus hijos que honraran a su madre y a su padre, los habrían disciplinado por su rebeldía, les habrían demandado obediencia. A todos excepto uno. Cada uno de los otros hijos de María eran hijas o hijos de José, pero Jesús era el Hijo de Dios. Como fue concebido por el Espíritu Santo, no tenía pecado ni deseo pecaminoso de desafiar a Sus padres.

Jesús pasó Su infancia, Su adolescencia y Sus veintes sometido a Sus padres. Ni una sola vez los desafió pecaminosamente. Nunca se rebeló contra su autoridad y ni una sola vez les contestó de mala forma. Al contrario, sólo se sometió alegre y voluntariamente a ellos. Se puso voluntariamente bajo su liderazgo, dirección y autoridad.

Su sumisión era el tipo de sumisión que Dios pide en el quinto mandamiento. Es una sumisión que toma la forma de obediencia y honor. Jesús se sometió obedeciendo y honrando a Sus padres.

OBEDIENCIA

La Biblia tiene mucho que decir sobre la relación de los hijos con sus padres, pero podemos resumirlo en algo así: todos los hijos deben honrar a sus padres y los niños pequeños deben obedecer a sus padres. La obediencia infantil es el campo de entrenamiento para el honor maduro. Por eso, el mandamiento dado a Moisés es más amplio: "Honra a tu padre y a tu madre..." (Éxodo 20:12). Pero cuando Pablo se dirige a los niños pequeños, dice: "Hijos, obedeced a vuestros padres en el Señor, porque esto es justo" (Efesios 6:1). Todos los hijos deben a sus padres un honor de por vida, mientras que los hijos pequeños también deben a sus padres una obediencia gozosa.

Los hijos pequeños deben obedecer a sus padres porque ellos necesitan ser educados. Los niños llegan al mundo rebeldes y necesitados de orientación moral, ignorantes y necesitados de orientación intelectual, sin gracia y necesitados de orientación social. Los padres tienen razón al esperar y exigir la obediencia de sus hijos pequeños mientras les enseñan y los forman en la virtud.

Como Jesús era totalmente humano, dependía de Sus padres como cualquier otro niño, ellos tenían una sabiduría y un conocimiento del mundo que Él no poseía, por lo que era responsabilidad de ellos educarlo y de Él, obedecerlos. Así que, podemos imaginar que Jesús les escuchó atentamente y les obedeció cuando le dijeron que se sentara quieto en la mesa, que hiciera contacto visual con los adultos y que se comportara con respeto en el templo. Les habría obedecido cuando le decían que entregara un recado, que lavara los platos y que barriera la carpintería. Les obedeció siempre "haciéndolo ahora, haciéndolo bien y haciéndolo con un corazón feliz". Mientras Jesús estuvo bajo la autoridad de Sus padres, fue obediente a ellos.

Tú también debes obedecer a tus padres mientras permanezcas bajo su autoridad. Si Jesús pudo admitir Su falta de sabiduría y conocimiento y aprender de Su madre y Su padre, tú también puedes hacerlo. Si el perfecto Hijo de Dios necesitó la guía de unos padres imperfectos, tú también la necesitas. Si él les obedeció con alegría, tú puedes obedecer con alegría a tus padres. La única vez que puedes desobedecerlos es cuando te exijan algo que Dios prohíbe. De lo contrario, necesitas avanzar en el carácter avanzando en la obediencia. Necesitas reconocer que la sumisión a Dios se muestra primero en la sumisión a tus padres.

Jesús obedeció a sus padres y también los honró. Cuando envejeció y adquirió mayor independencia, Su obediencia infantil dio paso a un honor maduro. La obediencia a Sus padres desarrolló Su carácter hasta el punto de que ya no necesitaba tanta orientación directa. Ya no era necesario ni conveniente que obedeciera, una progresión buena y natural; aunque hasta el día de Su muerte, seguiría siendo necesario y adecuado que los honrara.

La palabra que traducimos como "honor" se refiere a peso o a importancia. Esta palabra indica que debemos asignar un gran valor a nuestros padres y una gran importancia a nuestra relación con ellos. Debemos hablar bien de ellos, expresarles gratitud y tratarlos con amabilidad y dignidad. El honor es una actitud interior que se manifiesta en acciones exteriores. A medida que nuestros padres envejecen, debemos honrarlos cuidando de ellos e incluso manteniéndolos. Vemos a Jesús haciendo esto mismo mientras era clavado en la cruz. Cuando Jesús vio a Su madre y al discípulo al que amaba cerca, dijo a Su madre: "Mujer, he ahí tu hijo". Luego dijo al discípulo: "He ahí tu madre". Y desde aquella hora el discípulo la recibió en su propia casa" (Juan 19:26-27). En Sus últimas horas, Jesús honró a Su madre asegurándose de que la cuidaran hasta su vejez.

Una vez más, si Jesús tuvo que mostrar honor a Sus padres, tú también. Si Jesús pudo mostrar honor a Sus padres, tú también puedes hacerlo. Tus padres son imperfectos y a veces, injustos. Es posible que tus padres tengan expectativas poco realistas o que te exijan cosas injustas. Sin embargo, tienes una deuda de honor de por vida con ellos y al igual que Jesús, necesitas avanzar en el carácter al avanzar en la honra.

Durante casi dieciocho años, Jesús estuvo perdido en la historia. Sin embargo, en esos años hizo avances que darían forma a Su carácter y lo prepararían para Su misión. Los años que podrían parecer desperdiciados fueron en realidad aprovechados al máximo. Jesús dedicó estos años a someterse a Sus padres y a avanzar en obediencia y honor.

Esta sumisión fue crucial para el resto de avances que alcanzó. Si Jesús hubiera pasado estos años en rebeldía contra Sus padres, no habría podido avanzar en sabiduría, estatura o en gracia con Dios y con los hombres. Fue en el contexto de una familia —ésta familia— donde Dios lo formaría; fue sometiéndose a los padres —a éstos padres— en donde Dios lo capacitaría para el ministerio. El Dios que había planeado los acontecimientos de Su vida posterior había planeado igualmente el contexto de Su infancia, adolescencia y adultez. Al someterse a Sus padres, se estaba preparando para someterse a la voluntad de Dios hasta el punto de "humillarse a sí mismo haciéndose obediente hasta la muerte, y muerte de cruz" (Filipenses 2:8).

Joven cristiano, también se te ordena que prestes atención al quinto mandamiento. ¿Cómo puedes esperar obedecer a Dios a través de grandes logros más adelante en la vida si no obedeces a Dios en este simple mandamiento ahora? Mientras estés bajo la autoridad de tus padres, les debes obediencia. Cuando hayas crecido más allá de su autoridad, les debes honor. Al honrar y obedecer a tus padres, estás honrando y obedeciendo a Dios. Es en este contexto de alegre sumisión a la voluntad de Dios que puedes esperar avanzar en las otras cualidades que marcaron la vida del joven Jesús: sabiduría, estatura y gracia con Dios y con los hombres. Mientras Jesús avanzaba en la sumisión a Sus padres terrenales y a Su Padre celestial, se preparaba para la vida que Dios tenía para él. Al avanzar en la sumisión a tus padres terrenales y a tu Padre celestial, tú también te estás preparando para todo lo que Dios quiere completar en ti y a través de ti.

1. ¿De qué manera te has sometido a tus padres hoy, esta semana y este mes?

2. ¿Cómo te has rebelado contra tus padres hoy, esta semana y este mes?

3. ¿Te sometes a tus padres por alegría o por obligación?

4. ¿Cuáles son las formas creativas en las que puedes demostrar el honor de tus padres? ¿Cómo lo vas a planificar y ejecutar en los próximos días?

5. Aunque tengas una relación difícil o complicada con tus padres, reflexiona sobre las formas en que te has beneficiado de ellos. ¿Cómo puedes mostrar tu gratitud por estas cosas?

CAPÍTULO 3

Avanza en sabiduría

Desde 2004, Dove promociona sus productos con la campaña *Real Beauty*. Hace varios años, lanzaron un vídeo titulado *Real Beauty Sketches*, que se hizo rápidamente viral. En este vídeo, hacían que varias mujeres se describieran ante un dibujante forense oculto. Éste las escuchaba y creaba un dibujo basado en la descripción de sus características físicas. A continuación, el sujeto salió de la habitación y entró una segunda persona que había conocido a la mujer sólo el día anterior. A esta persona también se le pidió que la describiera mientras el artista creaba un segundo boceto. Como era de esperar, este segundo dibujo no sólo era más preciso sino también mucho más atractivo. Cada una de las mujeres se sintió profundamente conmovida al saber que los demás las habían evaluado con más precisión y más favorablemente que ella misma. Fue un vídeo inteligente que dejó bien claro su objetivo.

No puedo evitar preguntarme si al final, realmente supuso una gran diferencia en la vida de estas mujeres. Al fin y al cabo, una cosa es la valoración que hace otra persona de nosotros mismos y otra muy distinta, creerla. De hecho, una de las cosas más difíciles de hacer es creer lo que otras personas dicen de nosotros, especialmente cuando contradice nuestra autoevaluación. A veces tenemos una opinión demasiado baja de nosotros mismos, como ocurrió en el anuncio de Dove, pero debido a nuestro pecado interno, también podemos tener una visión demasiado elevada de nosotros mismos. A veces estamos demasiado cerca de nosotros mismos para ver con claridad, somos demasiado orgullosos para vernos como realmente somos.

En este capítulo escucharás una importante evaluación de ti mismo y de tu carácter. No será fácil de creer porque los resultados no serán bonitos. Tendrás la tentación de dudar de ellos, de negarlos o de excusarlos. No obstante, así como los demás suelen tener una mejor visión de nosotros mismos que nosotros, la Biblia nos da la visión más precisa de nosotros mismos, permitiéndonos avanzar en nuestro carácter desde una comprensión sobria de nuestra posición.

AVANZA EN SABIDURÍA

Soy una de esas personas que sólo quiere que le digan las cosas como son. No lo disfraces, no te vayas por las ramas y no te preocupes por ofenderme. Hagas lo que hagas, no intentes hacerte el simpático intercalando una fuerte reprimenda entre dos trilladas palabras de ánimo. Por favor, sólo dime la verdad, y haré lo que pueda para afrontarla.

Tal vez es eso en parte lo que me atrajo por primera vez a la Biblia. La Biblia es contundente. Nunca rehúye las verdades duras o incómodas. Por el contrario, las expone y nos pregunta: "¿Y qué piensas hacer al respecto?". La verdad contundente de la Biblia con la que tienes que lidiar ahora mismo es esta: eres tonto. Al menos, no eres tan sabio como fuiste creado para ser, como deberías ser y como algún día serás. Esta falta de sabiduría es en una parte producto de tu humanidad natural y en otra, producto de tu depravación antinatural. En ambos casos, eres responsable ante Dios de reconocerlo y afrontarlo.

¿Necesitas una prueba de tu falta de sabiduría? Sólo tienes que leer el libro de los Proverbios. Salomón escribió este libro para los jóvenes con la premisa de que son insensatos y necesitan desesperadamente la sabiduría. Comienza con su declaración de propósitos: "Para aprender sabiduría e instrucción, para discernir dichos profundos, para recibir instrucción en sabia conducta, justicia, juicio y equidad; para dar a los simples prudencia y a los jóvenes conocimiento y discreción" (1:2-4). La necesidad de obtener sabiduría, discernimiento e instrucción lleva implícito el reconocimiento de que actualmente no la tienes. Para tener éxito en la vida, necesitarás prudencia, conocimiento y una discreción que todavía no tienes. Estos atributos llegan con la edad y el esfuerzo.

En el libro de Proverbios, vemos a los padres preocupados suplicando a sus hijos que sean sabios: "Escucha, hijo mío, la instrucción de tu padre, y no abandones la enseñanza de tu madre, porque guirnalda de gracia son para tu cabeza, y collares para tu cuello" (1:8-9). Vemos a la Sabiduría personificada y clamando a personas como tú: "¿Hasta cuándo, oh simples, amaréis la simpleza, y los burladores se deleitarán en hacer burla, y los necios aborrecerán el conocimiento? Volveos a mi reprensión: he aquí, derramaré mi espíritu sobre vosotros, os haré conocer mis palabras" (1,22-23). Leemos sobre las tremendas bendiciones disponibles para los sabios: "Bienaventurado el hombre que halla sabiduría y el hombre que adquiere entendimiento; porque su ganancia es mejor que la ganancia de la plata, y sus utilidades mejor que el oro fino. Es más preciosa que las joyas y nada de lo que deseas se compara con ella" (3:13-15). Leemos sobre los horribles males prometidos a los que abandonan la sabiduría: "Ciertamente Él se burla de los burladores, pero da gracia a los afligidos. El sabio heredará honra, pero los necios hacen resaltar su deshonra" (3:34-35). Desde el primero hasta el último capítulo de los Proverbios, Salomón ruega a los jóvenes que se aparten del camino de la insensatez y caminen por la senda de la sabiduría. El libro de los Proverbios es una prueba fehaciente de que eres insensato y de que necesitas sabiduría.

Una segunda prueba viene cuando Lucas resume la vida

de Jesús entre Su infancia y el comienzo de Su ministerio público, alrededor de los 30 años. Nos dice que Jesús "crecía en sabiduría, en estatura y en gracia para con Dios y los hombres" (Lucas 2:52). Incluso Jesús, que era Dios, tuvo que avanzar en sabiduría porque era un hombre. En Su naturaleza divina, Jesús tenía todo el conocimiento y toda la sabiduría; pero en Su naturaleza humana, no tenía más conocimiento ni más sabiduría que cualquier otro niño. Si el joven Jesús necesitaba avanzar en sabiduría, seguramente tú también.

¿Cómo avanzó Jesús en esa sabiduría? En primer lugar, se sometió a Sus padres en obediencia y honor ya que Él, como cualquier otro niño, dependía profundamente de la sabiduría de ellos para navegar por Su vida temprana. Ellos fueron Sus primeros y más importantes maestros pues sin duda, hicieron caso al mandato de Dios a los padres: "y diligentemente las enseñarás a tus hijos, y hablarás de ellas cuando te sientes en tu casa y cuando andes por el camino, cuando te acuestes y cuando te levantes" (Deuteronomio 6:7). En segundo lugar, por la única visión que tenemos del niño Jesús, vemos también cómo aprendió de las autoridades religiosas. En aquella ocasión, estaba "sentado en medio de los maestros, escuchándolos y haciéndoles preguntas" (Lucas 2:46). Jesús buscó a los maestros, se puso bajo su autoridad, hizo preguntas para aclarar lo que no entendía y utilizó Su creciente sabiduría para expresar lo que sabía.

Jesús avanzó en sabiduría. Como Sus seguidores, estamos llamados a avanzar en la sabiduría como lo hizo Él, a salir de la inmadurez de la infancia hacia la madurez que trae la sabiduría. Sin embargo, como pecadores, nuestro avance en la sabiduría se verá empañado por la insensatez y el pecado, caídas que Jesús nunca experimentó como Hijo de Dios sin pecado.

CRECER SABIO COMO JESÚS

De niño, Jesús sólo sabía lo que saben los niños, lo cual no es mucho. Tuvo que aprender las habilidades más básicas: ponerse de pie, hablar y controlar Sus funciones corporales. De niño, Jesús se comportó como cualquier otro niño: exploró Su entorno, aprendió habilidades sociales, descubrió hechos sobre Dios y creció en Su comprensión del mundo. En algún momento, incluso llegó a comprender Su propia identidad como el tan esperado Mesías y a abrazar conscientemente la misión que Dios le había asignado. Como todos nosotros, pasó por un largo proceso de maduración en el que avanzó en sabiduría. Quizá podamos definir esa sabiduría en tres categorías: conocimiento, razón y emoción.

A medida que Jesús maduraba, acumulaba conocimientos. Mediante la enseñanza formal, la observación informal y la memorización diligente, aprendió sobre sí mismo, Su familia, Su pueblo, Su nación y Su mundo. A esto se sumó el conocimiento sobre Dios y las Escrituras, sobre el lenguaje, las matemáticas, la geografía y cualquier otra disciplina. También estaba todo lo que Su padre le enseñó sobre carpintería, la profesión que le ocuparía durante la mayor parte de Su vida. Comenzó la infancia con una mente vacía y, como todos nosotros, dedicó Sus años de juventud a adquirir conocimientos.

Cuando Jesús maduró, también aprendió a razonar. Aprendió a distinguir entre una argumentación convincente y una trivial. Aprendió a plantear preguntas que indujeran a la gente a reflexionar y a responder a los cuestionamientos de manera que estimularan la conversación. Aprendió a enseñar con eficacia mediante sermones extensos y parábolas sencillas. El Jesús que más tarde asombró a las grandes multitudes y confundió a los furiosos fariseos, es el Jesús cuya mente se formó y entrenó en la infancia y la juventud. Fue en estos años cuando aprendió las habilidades de razonamiento que lo marcarían para siempre como el mayor maestro de la historia.

Finalmente, cuando Jesús maduró, aprendió a gobernar Sus emociones y a darles el mejor uso. Como cualquier otro niño, alguna vez se habría reído de cosas que no eran realmente divertidas y habría llorado por cosas que no eran motivo de gran dolor. Como todos los adolescentes, habría sido propenso a cambios repentinos de humor, pero aprendió a controlar Sus emociones y a utilizarlas bien. Este Jesús pondría más tarde Sus emociones en uso efectivo al expulsar con rabia a los cambistas del templo, al llorar compasivamente por Jerusalén y al burlarse graciosamente del tipo de personas que se preocupan por una paja en el ojo ajeno mientras ignoran el gigantesco tronco que sobresale del propio.

En estos años de silencio, Jesús avanzó en sabiduría. Entendió cómo aplicar mejor a la vida, cada cosa que aprendía. Acumuló conocimientos y la comprensión de cómo enseñarlos eficazmente a los demás. Dominó Sus emociones para poder alegrarse con los que se alegran y afligirse con los que se afligen. Debido a que Su mente no estaba obstaculizada por el pecado, se elevó a las más altas alturas posibles para una mente humana. En estos años, se preparó para lo que llegaría a ser y para lo que lograría.

De este modo, Jesús nos da un ejemplo de cómo se puede hacer un buen uso de la adolescencia y los veintes. Lo más importante es aprender la sabiduría de los padres y los pastores. Dios te llama a someterte al liderazgo de tus padres cuando eres joven, a obedecerles en todo lo que te pidan. Aun así, si eres joven o mayor, debes honrar igualmente su sabiduría hablando con ellos y aprendiendo deliberadamente de la sabiduría que han acumulado durante muchos años. Al mismo tiempo, aprende la sabiduría de tus pastores. Comprométete con tu iglesia local como el lugar donde servirás, adorarás y aprenderás. Colócate bajo la autoridad de los líderes y aprende la sabiduría de Dios mientras ellos la enseñan con sus palabras y la reflejan en sus vidas.

CRECER SABIOS COMO PECADORES

En virtud de Su humanidad natural, Jesús carecía de sabiduría y tenía mucho que aprender al igual que tú. Sin embargo, Jesús era moralmente perfecto, a diferencia de ti. Como era el Hijo de Dios, no estaba manchado por el pecado ni por la insensatez moral. Jesús nació santo, pero tú necesitas ser santo. No sólo estás luchando contra la inmadurez en tu avance en la sabiduría, sino también contra la necedad.

Cuando la Biblia describe a los seres humanos como "tontos", a veces se refiere a una simple falta de conocimiento. Otras veces, sin embargo, se refiere a algo mucho más insidioso: el ateísmo natural que habita en el corazón de todos los que nacen pecadores. Este es el tipo de persona al que se refiere David en el Salmo 14:1: "El necio dice en su corazón: 'No hay Dios'". Los necios se rebelan contra Dios y se declaran independientes de Él. De todos los seres humanos que han vivido, sólo Jesús ha estado completamente libre de este tipo de necedad. Sólo Él estuvo completamente libre de pecado desde la concepción hasta la muerte.

Lo que fue cierto para David es cierto para ti: "He aquí, yo nací en iniquidad, y en pecado me concibió mi madre" (Salmo 51:5). Fuiste pecador desde el momento de tu concepción y rebelde desde antes de respirar por primera vez. Fuiste un necio en el sentido más profundo y oscuro.

Sin embargo, has puesto tu fe en Jesucristo y has sido habitado por el Espíritu Santo. Has sido salvado por Su gracia y perdonado de todo pecado. Eres un cristiano y anhelas vivir como tal. El gran desafío que consumirá el resto de tu vida es llegar a ser quien eres en Cristo: hacer morir todo el pecado que permanece en tu interior y revivir a la justicia que te ha dado Cristo. Lucharás hasta el último día de tu vida para dejar de comportarte tontamente en rebeldía a Dios y para vivir sabiamente en sumisión a Dios.

Muchos jóvenes desperdician su adolescencia y sus veintes pasando estos preciosos años en el pecado y en la indulgencia tonta. Joven cristiano, puedes aprovechar estos años haciendo grandes avances en la santidad. Puedes dedicar tus años de adolescencia a destruir la insensatez y crecer en sabiduría. Puedes comprometer tus veintes a vivir sabiamente en lugar de neciamente. Puedes comprometerlos a vivir en formas santas en lugar de depravadas. Al hacer esto, establecerás una base de pensamiento sabio y vida sabia que te servirá para el resto de tu vida.

CONCLUSIÓN

"El principio de la sabiduría es éste", dice Salomón. "Lo principal es la sabiduría[a]; adquiere sabiduría, y con todo lo que obtengas adquiere inteligencia" (Proverbios 4:7). Jesús conocía y hacía caso a estas palabras. Reconoció su falta de sabiduría y se sometió con alegría a los llamados de enseñanza y formación. Mientras se preparaba para vivir el propósito que Dios le había dado, preparó Su mente al entrenarla para ser sabia. Así como Él dedicó Su adolescencia y Sus veintes a esta noble búsqueda, tú también deberías dedicarte a avanzar en sabiduría.

1. ¿Estás avanzando en las siguientes áreas de sabiduría?

El conocimiento. ¿Estás creciendo en el conocimiento del mundo? ¿Estás creciendo en el conocimiento de la Biblia? ¿Te tomas en serio el aprendizaje?

La razón. ¿Avanzas en tu capacidad de razonar argumentos difíciles? ¿Piensas críticamente sobre la visión del mundo que expresan tus profesores y tus amigos? ¿Haces preguntas cuando el sermón que escuchas no te resulta claro o porque simplemente quieres darle más sentido?

La emoción. ¿Te consideras lleno de autocontrol? ¿Tienes arrebatos de ira? ¿Te ríes de cosas inapropiadas? ¿Eres una persona sarcástica? ¿Tus comentarios son apropiados y elogiables?

2. ¿A quién recurres cuando necesitas sabiduría?

3. ¿Sientes la libertad de hablar con tus pastores cuando necesitas su sabiduría?

4. ¿Eres alguien a quien los jóvenes cristianos pueden acudir en busca de sabiduría y consejo? ¿Por qué sí o por qué no?

CAPÍTULO 4

Avanza en estatura

¿Cuál es el tamaño de Dios? Esta es la pregunta que la mayoría de los niños se hacen en algún momento. Saben que son débiles y que Dios es fuerte, que son diminutos y que el universo es inmenso y por eso se preguntan de forma natural qué tan grande es Dios. De alguna manera, sus padres les explican que Dios es espiritual. No tiene un cuerpo físico, es infinito, ilimitado, tampoco tiene forma y por tanto, no tiene un tamaño que se pueda medir. Dios no es grande ni pequeño. Él está en todas partes y en todo momento.

Entonces, abrimos el Nuevo Testamento y leemos palabras como éstas "Porque os ha nacido hoy, en la ciudad de David, un Salvador, que es Cristo el Señor. Y esto os servirá de señal: encontraréis un niño envuelto en pañales y acostado en un pesebre" (Lucas 2:11-12).

¿Qué tamaño tiene Dios? Unas veinte pulgadas y siete libras. Luego, pasado un mes, veintidós pulgadas y nueve libras, y un año después, treinta pulgadas y veinte libras. Esta es la maravilla de la encarnación de Jesús, la segunda persona de la Trinidad confinada en un cuerpo humano. Charles Wesley se maravilló de esto en uno de sus himnos menos conocidos: "Nuestro Dios contraído a un palmo... incomprensiblemente hecho Hombre". El Verbo eterno tomó la diminuta forma de un recién nacido, el creador omnipotente el cuerpo indefenso de un bebé, el Dios omnisciente la simple mente de un infante.

Cuando Jesús pasó de ser un niño a un adulto, Su biógrafo Lucas relata que en Su adolescencia y veintes, "Jesús crecía en sabiduría y en estatura y en gracia ante Dios y los hombres" (Lucas 2:52). Como cualquier otro ser humano, creció en estatura, en altura y peso físico. Con el paso de los años, Su cuerpo infantil fue dando paso a un cuerpo adulto. Por el camino, habría soportado la torpeza que sigue a los brotes de crecimiento de la infancia y el apetito infinito que llega con la adolescencia. Habría pasado por la pubertad y Su maduración sexual, desarrollando Su primer vello facial, dejando de caber enSu ropa y heredandola a Sus hermanos. Hizo todas las cosas que hacen las personas normales cuando pasan de la infancia a la madurez.

Esto es una maravilla: que Dios creciera, pero al mismo tiempo que crecía físicamente, experimentó otro tipo de crecimiento que resultaría igualmente importante y que le ayudaría a alcanzar la plena madurez. De la mano de Su avance físico vino un constante avance espiritual. El cuerpo de Jesús crecía en toda la santidad. Esto es particularmente relevante para los jóvenes adultos: a medida que avanzaba desde la infancia hacia la madurez, renunció a la lujuria que tan a menudo se apodera de aquellos cuyos cuerpos se están desarrollando. Desde el principio de Su vida terrenal y a lo largo de Su adolescencia y adultez, Jesús nos muestra cómo ofrecer nuestros cuerpos como un sacrificio vivo, negándonos a ceder a la tentación sexual. En todo esto, se estaba preparando para Su última ofrenda a Dios: el sacrificio de Su cuerpo en la cruz.

A medida que avanzamos en este libro, debemos considerar la adolescencia y los veintes como un tiempo para avanzar en la estatura. Esto incluirá el desarrollo de tu cuerpo y la llegada de su fuerza máxima. Sin embargo, es aún más importante el desarrollo de tu alma. Así como desarrollas y estableces tu estatura física, también debes desarrollar y establecer tu estatura espiritual, manteniéndote firme en la pureza sexual y renunciando a la lujuria juvenil.

ESTATURA FÍSICA

Desde los primeros tiempos de la Iglesia, muchos de los que se han llamado a sí mismos "cristianos" han restado importancia al cuerpo en favor del alma. Dicen que el alma es buena y que el cuerpo es malo, por lo que necesita ser librada del cuerpo. La Biblia enseña algo muy diferente: Dios hizo el cuerpo humano como la morada ideal para el alma humana. El cuerpo fue hecho para ser bueno, así como el alma fue hecha para ser buena y para demostrar la bondad de Dios. De hecho, Dios Hijo se instaló permanentemente en el cuerpo humano, quién hoy vive y reina como el Dios hecho hombre.

Vives dentro de un cuerpo que fue creado por Dios. De hecho, este cuerpo fue creado especialmente para ti para que pudieras usarlo para glorificar a Dios. Cuando David consideró esto, se maravilló: "Porque tú formaste mis entrañas; me tejiste en el vientre de mi madre. Te alabo, porque he sido hecho de forma maravillosa y con mucho amor. Maravillosas son tus obras; mi alma lo sabe muy bien" (Salmo 139:13-14). De todo lo que Dios ha creado, el ser humano es el más grande y glorioso ya que sólo el ser humano ha sido creado a imagen de Dios y también es Su propia morada.

A medida que creces en estatura física, adquieres la responsabilidad de comprender el propósito de tu cuerpo y la necesidad de utilizarlo para los mejores y más elevados fines. Tu cuerpo no es un envase sin valor para usar y desechar, sino una creación valiosa que debes nutrir y proteger. Dios te dice que te responsabilices de tu cuerpo presentándoselo a Él, y luego administrándolo, cuidándolo y empleándolo. Veamos cada uno de estos aspectos por separado.

Tienes que presentar tu cuerpo. En su carta a la iglesia de Roma, Pablo dice: "Por consiguiente, hermanos, os ruego por las misericordias de Dios que presentéis vuestros cuerpos como sacrificio vivo y santo, aceptable a Dios, que es vuestro culto racional" (Romanos 12:1). Somos personas completas que tienen cuerpos y almas cuidadosamente unidos. Debemos entregar a Dios todo lo que somos, sin retener nada. Incluso nuestros cuerpos pertenecen a Dios y deben ser utilizados para los propósitos de Dios. Así, Dios nos llama a entregarle nuestros cuerpos, a dedicarlos a Su servicio y a comprometerlos con Sus propósitos.

Tienes que administrar tu cuerpo. Al entregar tu cuerpo, reconoces que no te pertenece, le pertenece a Dios. Él lo hizo y es su dueño, pero te lo ha dado para que lo administres. Esto es lo que llamamos "mayordomía": administrar algo en nombre de otra persona. Así como eres responsable de administrar fielmente tu tiempo y tu dinero, eres responsable ante Dios de administrar fielmente el cuerpo que te ha asignado. Debes usar tu cuerpo sabiamente, ponerlo en uso de manera que traiga gloria a Dios. "Pues por precio habéis sido comprados; por tanto, glorificad a Dios en vuestro cuerpo y en vuestro espíritu, los cuales son de Dios" (1 Corintios 6:19-20).

Tienes que cuidar tu cuerpo. Hay una unidad inseparable entre el cuerpo, la mente y el alma. Cuando descuidamos nuestros cuerpos, a menudo encontramos nuestras almas pesadas y nuestras mentes oscuras; pero cuando cuidamos nuestros cuerpos, encontramos nuestras almas alegres y nuestras mentes iluminadas. Vemos algo de esto en la oración de Juan por su amigo Gayo: "Amado, ruego que seas prosperado en todo así como prospera tu alma, y que tengas buena salud" (3 Juan 2). Para que Gayo sea lo más activo y eficazmente posible en la obra de Dios, debe tener un cuerpo sano y un alma sana. Si quieres cuidar tu alma y tu mente, debes nutrir tu cuerpo. Para honrar a Dios en todo lo que eres, debes comer bien, hacer ejercicio con frecuencia y descansar regularmente.

Tienes que emplear tu cuerpo. La piedad interior debe mostrarse en actos externos de bondad. Santiago muestra la unidad de la fe y las obras en esta ilustración: "Si un hermano o una hermana no tienen ropa y carecen del sustento diario, y uno de vosotros les dice: Id en paz, calentaos y saciaos, pero no les dais lo necesario para su cuerpo, ¿de qué sirve? Así también la fe por sí misma, si no tiene obras, está muerta" (Santiago 2:15-17). El amor de Dios en tu corazón debe mostrarse con las obras de tus manos. Los jóvenes están en su plenitud física y tienen la doble responsabilidad de utilizar esa fuerza para el bien de los demás. "La gloria de los jóvenes es su fuerza", dice Salomón, "y la honra de los ancianos, sus canas" (Proverbios 20:29). Más adelante en la vida puedes deslumbrar a la gente con tu sabiduría; pero por ahora, puedes servirles mejor con tu fuerza.

El cuerpo humano es sagrado, creado por Dios para Su gloria. Una parte importante del crecimiento de la estatura física es tomar conciencia de para qué sirve el cuerpo y cómo utilizarlo mejor. Este es el momento en la vida para formar patrones saludables de vida como comer, hacer ejercicio, trabajar y descansar. Al dedicar tu cuerpo a Dios y nutrirlo para que rinda al máximo, te estás preparando para una vida de buenas obras para la gloria de Dios.

ESTATURA ESPIRITUAL

Así como el cuerpo puede ser tratado bien para hacer cosas buenas, también puede ser tratado mal para hacer cosas malas. Junto con el desarrollo de nuestros cuerpos en la adolescencia y en los veintes, viene la tentación de entregarlos al pecado sexual en lugar de dárselos a Dios. Un componente esencial para avanzar como Jesús es proteger nuestros cuerpos contra el pecado sexual a medida que crecemos físicamente.

Uno de los atributos de todo ser humano es la sexualidad. Fuimos creados por Dios para ser seres sexuales. En virtud de nuestra humanidad, tenemos órganos sexuales, capacidad sexual y deseo sexual. Habiéndonos creado con esta capacidad sexual, Dios creó el matrimonio como el contexto apropiado para expresarla y luego nos ordenó utilizar ese contexto para "ser fecundos, multiplicarnos, llenar la tierra y juzgarla" (Génesis 1:28). Dios nos dio todo lo que necesitamos para disfrutar y emplear el precioso don del sexo.

Como Jesús era plenamente humano, era un ser sexual con órganos sexuales, capacidad sexual y deseo sexual. No era un ser andrógino o asexual sino un ser humano normal con testosterona fluyendo por sus venas. En su adolescencia, como cualquier otra persona, habría crecido Su deseo sexual.

Dado que Jesús era plenamente humano, probablemente experimentó la tentación sexual. Después de todo, la Biblia insiste en que "fue tentado en todo como nosotros, pero sin pecado" (Hebreos 4:15). Al igual que Satanás tentó a Jesús en el desierto para que quebrantara el primer mandamiento ("No tendrás otros dioses delante de mí"), es posible que en otras ocasiones le tentara para que quebrantara el séptimo mandamiento ("No cometerás adulterio"). Sin embargo, Jesús "no cometió pecado ni engaño se halló en su boca" (1 Pedro 2:22). Jesús soportó estas tentaciones sin ningún pensamiento, acción o deseo pecaminoso incluso.

Hay varias lecciones importantes que los jóvenes cristianos pueden aprender de Jesús.

En primer lugar, Jesús era totalmente humano y se enfrentó a todas las tentaciones que conlleva ser un humano de sangre caliente. Sin embargo, pasó por Su adolescencia y Sus veintes sin sucumbir al pecado sexual. No hizo trampa ni tomó prestado de Su "divinidad" para hacerlo, sino que enfrentó y superó la tentación como hombre. Como hombre, vivió una vida perfectamente santa, contento con Su castidad.

En segundo lugar, Jesús soportó la tentación y vivió en perfecta pureza porque dependía del Espíritu Santo. El éxito de Jesús nos ofrece un tremendo consuelo, "por cuanto Él mismo fue tentado en el sufrimiento, es poderoso para socorrer a los que son tentados" (Hebreos 2:18). Cuando te enfrentes a las inevitables embestidas del deseo sexual o de la oportunidad, puedes acudir a Él para que te compadezca y te ayude porque el mismo Espíritu que vivió en Él vive ahora en nosotros. El Espíritu no sólo nos consuela, sino que también nos advierte del pecado y obra en nosotros para vencerlo (1 Tesalonicenses 4:8).

En tercer lugar, Jesús demuestra que una vida significativa y plena no depende de la satisfacción sexual. Por el contrario, podemos tener una vida plena sin tener relaciones sexuales. Después de todo, nadie ha vivido una vida mejor que Jesús y sin embargo, vivió y murió virgen. Su modelo perfecto de una vida que honra a Dios no incluía el sexo ni el matrimonio.

Al vivir una vida libre de la expresión sexual, Jesús demuestra que puedes estar completo y realizado sin la experiencia y la satisfacción sexual. Al vivir una vida libre de pecado sexual, Jesús demuestra que también puedes vivir tu adolescencia y tus veintes e incluso, el resto de tu vida sin sucumbir nunca a la impureza sexual. ¿Cómo puedes estar seguro? Porque estás habitado por el mismo Espíritu que llenó a Jesús. El poder que estaba disponible para Él para resistir la tentación y motivar la santidad está disponible para ti si tan sólo lo tomas.

Joven cristiano, si anhelas avanzar como avanzó Jesús, también debes guardarte del pecado sexual y buscar la pureza con todo tu corazón. Así como presentas tu cuerpo a Dios, presenta tu sexualidad a Dios, resolviendo sólo expresar la sexualidad en santidad dentro del contexto del matrimonio. Así como estás llamado a administrar tu cuerpo, también debes administrar tu sexualidad, recibiendo el sexo como un regalo de Dios que debe ser utilizado dentro del diseño de Dios. Así como debes cuidar tu cuerpo, cuida tu sexualidad haciendo inversiones de pureza ahora que cosecharán beneficios más adelante dentro del matrimonio y la eternidad.

Joven cristiano, si ya has fracasado, si ya has entregado tu cuerpo a la lujuria en lugar de a Dios, ¡hay esperanza! El Jesús que modela perfectamente la pureza sexual es el mismo Jesús que murió sacrificialmente por tu impureza sexual. Vuélvete a Él, recibe Su perdón y comprométete de nuevo con el Salvador que murió por ti.

CONCLUSIÓN

Jesús pasó Su adolescencia y Sus veintes en una cultura cargada de sexualidad. Estuvo rodeado de pecado y depravación, y fue testigo de toda clase de tentaciones. Sin embargo, resistió toda tentación y alcanzó toda la justicia. A medida que crecía en estatura física, también crecía en estatura espiritual absteniéndose de la inmoralidad sexual y controlando Su cuerpo en santidad y honor. Dependía plenamente de Dios y hacía todo para la gloria de Dios. Él muestra el camino para entregar nuestros cuerpos a Dios, muestra el camino para dedicar nuestra sexualidad a Dios, muestra el camino a la alegría, a la plenitud de vida.

1. ¿Cuáles son algunas de las formas en que cuidas tu cuerpo? ¿Cuáles son algunas de las formas en que no lo haces?

2. ¿Priorizas el descanso? Honestamente, ¿recibes el descanso que necesitas para funcionar a tu máximo nivel?

3. ¿Cómo utilizas tu fuerza para el bien de los demás? Dedica algún tiempo a pensar en cómo puedes utilizar tu energía y fuerza juvenil para bendecir a los demás.

4. ¿Cómo te proteges del pecado sexual? ¿Te has arrepentido de caer en la tentación de los pensamientos lujuriosos o de ver pornografía? ¿Te haces responsable ante alguien cuando caes en la tentación? La Biblia es clara en cuanto a que debemos huir de la tentación hacia el pecado sexual. ¿Cómo vas a vencer la tentación?

5. Es fácil desanimarse cuando caemos en las mismas tentaciones una y otra vez, pero la Biblia nos da mucha esperanza. Acude a Cristo y recibe Su perdón. Continúa encomendando tu camino a él.

CAPÍTULO 5

Avanza en gracia

Cuando tenía poco más de veinte años, uno de mis amigos tuvo una experiencia repentina de crecimiento y entusiasmo espiritual. De repente, tenía un nuevo fervor por el Señor y un nuevo deseo de servirle. Comenzó a utilizar nuevas palabras y frases imaginativas para describir su relación con Dios y su anhelo de vivir para Su gloria. Una de ellas era "audiencia de Uno". "No me importa lo que los demás piensen de mí", dijo. "Sólo voy a vivir ante una audiencia de Uno".

Pronto aprendí lo que quería decir. Estaba decidido a no preocuparse por lo que la gente pensara de él, sino a buscar y vivir para la voluntad de Dios sin importar el costo. En esos días de entusiasmo, sólo la opinión de Dios le importaba. Perdí el contacto con mi amigo poco después de su gran compromiso, por lo que nunca supe hasta qué punto tuvo éxito. Sabía que sus intenciones eran sinceras, pero al considerar su eslogan, llegué a preguntarme si realmente había dominado el énfasis de la Biblia en la vida en este mundo.

¿Debemos vivir ante una audiencia de Uno? Sí y no. Nada es más importante que conocer la voluntad de Dios, vivirla y disfrutar de Su aprobación. La Biblia tiene mucho que decir sobre vivir vidas que agradan a Dios. Sin embargo, la Biblia también tiene mucho que decir sobre vivir vidas que reciban la aprobación del hombre. A menudo estas dos cosas van de la mano y vemos esta conexión en la vida de Jesús. Lucas nos dice que en Su adolescencia y a los 20 años,

"Jesús crecía en sabiduría y en estatura y en gracia ante Dios y los hombres" (Lucas 2:52).

En este libro ya hemos visto cómo el joven Jesús avanzó en sumisión, sabiduría y estatura. A medida que avanzaba en esos nobles rasgos de carácter y en las acciones que lo motivaban, disfrutaba de la gracia o el favor de Dios y de los hombres. No podemos terminar hasta que hayamos visto de cerca este avance en la gracia y lo hayamos aplicado a la vida de todos los jóvenes cristianos.

AVANZA EN GRACIA

Como sociedad, prestamos mucha atención a la aprobación. Nos encanta analizarla y cuantificarla, especialmente en el ámbito político. Un sinfín de sondeos y encuestas nos piden que clasifiquemos y califiquemos a nuestros políticos. Luego mostramos y discutimos estos índices de aprobación a través de números, gráficos y tablas. Para que los políticos gobiernen por asentimiento del pueblo, deben disfrutar de la aprobación de la gente, por lo que se basan en esas encuestas para evaluar sus logros y trazar sus planes futuros. Las carreras políticas se crean y se rompen a espaldas de los encuestadores. La aprobación puede ser un deseo razonable o un ídolo insaciable.

A medida que Jesús crecía en sabiduría y estatura, gozaba de la aprobación tanto de Dios como de los hombres. En los primeros días de Su ministerio, Dios Padre abrió los cielos para asegurarle: "Tú eres mi Hijo amado, en ti me he complacido" (Lucas 3:22). Mientras tanto, los primeros sermones de Jesús en las sinagogas encontraron la aprobación de la gente del pueblo, de modo que "todos hablaban bien de Él y se maravillaban de las palabras llenas de gracia que salían de su boca, y decían: ¿No es este el hijo de José?" (Lucas 4:22). Aunque algunos se burlaban de Él, todos reconocían que "les enseñaba como quien tiene autoridad"

(Mateo 7:29). El Hijo de Dios y del hombre gozaba de gracia con Dios y con el hombre.

No debería sorprendernos que se le considerara tan favorablemente. Siglos antes, el rey Salomón había llamado a los jóvenes a buscar la sabiduría e intentó motivarlos con el resultado "Hijo mío, no te olvides de mi enseñanza, y tu corazón guarde mis mandamientos... Así hallarás favor y buena estimación ante los ojos de Dios y de los hombres" (Proverbios 3:1, 4). Jesús caminó por ese camino de sabiduría y obtuvo el resultado prometido: el favor de Dios y de la gente. Si hubiera sido un rebelde insensato e inmaduro, sólo habría merecido lástima y condena, pero dedicó Su adolescencia y Sus veintes a la obediencia, a la sabiduría y a la vida piadosa. Como resultado, obtuvo la recompensa adecuada.

Dios te ofrece esa misma recompensa. Así como Jesús avanzó en la gracia con Dios y con los hombres, tú también puedes hacerlo. De hecho, tú también deberías hacerlo, pero el orden debe ser el correcto. Donde la aprobación de los hombres es defectuosa y se desvanece, la de Dios es perfecta e inmutable. Por lo tanto, debemos vivir primero para Él. "Porque ¿busco ahora el favor de los hombres o el de Dios? ¿O me esfuerzo por agradar a los hombres? Si yo todavía estuviera tratando de agradar a los hombres, no sería siervo de Cristo" (Gálatas 1:10). Puede haber ocasiones en las que sólo se puede tener la aprobación de uno, porque ganar el favor de Dios costará el favor del hombre. Por esta razón, veremos primero cómo y por qué debes buscar la gracia con Dios por encima de todo.

BUSCAR LA GRACIA CON DIOS

Tienes el favor de Dios. Dios no sólo te ama, sino que el evangelio también te asegura que te aprueba. Has sido salvado por la gracia de Dios, lo que significa que tienes la plena aceptación de Dios. No hay nada que puedas hacer para que Él te apruebe más y no ningún pecado que puedas cometer para que te apruebe menos. Esta completa e inmutable aprobación es tuya en virtud de lo que Cristo realizó en tu nombre.

Todo esto es cierto en un sentido último. Sin embargo, también hay un sentido en el que es posible que Dios esté más o menos complacido contigo. Quizás la mejor manera de explicar esto es con la conocida analogía de un niño y sus padres. Un niño tiene el favor de sus padres, no hay nada que pueda hacer para cambiar la naturaleza fundamental del amor de ellos por él. Sin embargo, día a día, puede comportarse de manera que aumente o disminuya el grado de satisfacción de sus padres. Aunque sus travesuras o rebeldías no harán que sus padres dejen de quererle, sí pueden hacer que se sientan decepcionados con él o incluso que le castiguen. En cambio, sus actos de amor y su obediencia sincera no harán que sus padres lo amen más, pero sí pueden hacer que se sientan más complacidos y más orgullosos de él. Sus corazones se alegrarán cuando lo vean vivir bien y se entristecerán cuando lo vean vivir de forma insensata.

Dado que nos relacionamos con Dios como Sus hijos, tenemos la capacidad de agradarle o desagradarle. Aunque Su amor por nosotros permanece inmutable, aún así podemos comportarnos de manera favorable o desfavorable. La vida favorable parece haber sido una de las preocupaciones de la iglesia de Tesalónica, por lo que Pablo les explicó cómo podían vivir vidas que fueran agradables a Dios (1 Tesalonicenses 4:1-12). Complacerían a Dios si practicaban la pureza sexual, la comunidad cristiana y el trabajo duro. Le desagradarían si cayeran en el pecado sexual, si interrumpieran la comunidad cristiana o si se entregaran a la vida perezosa. Parte del ministerio de Pablo a cada iglesia era instruir a los cristianos en cómo "deben andar y agradar a Dios" (1 Tesalonicenses 4:1).

Jesús dijo a Sus discípulos que demostrarían su amor a través de su obediencia. "Si me amáis, guardaréis mis mandamientos" (Juan 14:15). Dios ordena que hagamos morir el pecado y vivamos para la justicia, que en el transcurso de nuestras vidas nos conformemos cada vez más a la imagen de Jesucristo (Romanos 8:29). A medida que nuestro carácter llega a parecerse al de Jesús, nuestras acciones comienzan a imitar las acciones de Jesús, de modo que empezamos a vivir no primero para nuestro propio bien, sino para el bien de los demás. "Así brille vuestra luz delante de los hombres, para que vean vuestras buenas acciones y glorifiquen a vuestro Padre que está en los cielos" (Mateo 5:16). Esta es la vida que agrada a Dios: una vida vivida en conformidad con los mandatos de Dios, para la gloria de Dios y para el bien de los demás.

Joven cristiano, ¿es esta la vida en la que estás creciendo? Jesucristo satisfizo la ira de Dios contra tu pecado y te atrajo a una relación de amor con el Padre. Dios te ama. Te aprueba y ahora te llama a vivir una vida que le agrade, a vivir de tal manera que te sometas a Él, que le des gloria. Únete a Pablo en la oración "para que andéis como es digno del Señor, agradándole en todo, dando fruto en toda buena obra y creciendo en el conocimiento de Dios" (Colosenses 1:9-10).

BUSCAR LA GRACIA CON EL HOMBRE

Aunque la primera prioridad de todo cristiano debe ser conseguir el favor de Dios, también hacemos bien en buscar el de los hombres. Ambas cosas están a menudo relacionadas, como declaró Salomón: "Cuando los caminos del hombre son agradables al Señor, aun a sus enemigos hace que estén en paz con él" (Proverbios 16:7). En general, el tipo de vida que agrada a Dios es también agradable al hombre. Pablo también apuntó a esta aprobación de dos niveles, diciendo a la iglesia de Corinto: "nos preocupamos por lo que es honrado, no solo ante los ojos del Señor, sino también ante los ojos de los hombres" (2 Corintios 8:21).

Por lo tanto, no es pecado querer que los demás piensen bien de nosotros y ganar su aprobación. Por supuesto, es pecado cuando la aprobación de los demás se convierte en nuestro principal deseo o cuando nos aleja de la obediencia a Dios. Sin embargo, cuando buscamos primero la aprobación de Dios y luego la de los demás, ese deseo puede ser realmente virtuoso. "Más vale el buen nombre que las muchas riquezas, y el favor que la plata y el oro", dice Salomón (Proverbios 22:1). Pablo llega a explicar que tener una buena reputación ante los incrédulos es una cualificación necesaria para un pastor: "Debe gozar también de una buena reputación entre los de afuera de la iglesia, para que no caiga en descrédito y en el lazo del diablo" (1 Timoteo 3:7). Hemos de pensar deliberadamente "respetar lo bueno delante de todos los hombres " (Romanos 12:17). Aunque los incrédulos no aprueben tu fe, al menos no deberían poder dudar de tu sinceridad o burlarse de tu hipocresía.

Si bien es beneficioso tener gracia con todos los hombres, hay un beneficio especial en tenerla de parte de otros cristianos y especialmente, de aquellos con madurez espiritual. Sólo los creyentes que "tienen la mente de Cristo" (1 Corintios 2:16), están equipados para evaluarnos a la luz de la palabra de Dios y para elogiarnos o reprendernos según Su norma infalible. Por esta razón, necesitamos participar en la comunidad cristiana, donde otros cristianos aceptan la responsabilidad de velar por nosotros en el amor cristiano para enseñarnos, animarnos e incluso reprendernos con amor. Su favor es nuestro elogio.

¿Tienes amigos, padres, pastores o mentores que te animen y te digan cómo ven la gracia de Dios en tu vida? ¿También te dirán con franqueza cualquier preocupación que vean? Busca personas de confianza, invitalas a hablar en tu vida, escucha con paciencia y sin ofenderte, considera en oración lo que te han dicho y luego acepta su evaluación. Cuenta su reprimenda como la gracia de Dios en tu vida y cuenta su favor como la aprobación de Dios.

CONCLUSIÓN

Cuando Jesús pasó de la infancia a la edad adulta, avanzó en sumisión, sabiduría y estatura. A medida que avanzaba en todos estos aspectos en Su adolescencia y adultez, obtuvo la debida recompensa: el favor divino y el favor humano. Tanto Dios como los hombres observaron Su madurez y aprobaron Su carácter y Sus acciones pues eran evidencias innegables de la presencia de Dios y de Su bendición. Jesús llevaba una vida perfecta que modelaba la vida que Dios quiere que todos vivamos.

Hoy oímos hablar de la importancia de seguir nuestro corazón, de ser fieles a nosotros mismos y de vivir según nuestras propias normas. La Biblia nos llama a todo lo contrario: a seguir el corazón de Dios, a serle fiel y a vivir según Sus normas. La auto-aprobación no tiene sentido y es mortal si viene a expensas de la aprobación de Dios. Al pasar por la adolescencia y adultez, tendrás que elegir una y otra vez buscar el favor de Dios y confiar en que, al perseguir su gracia, también ganarás la de la gente. A medida que avanzas en sumisión, sabiduría y estatura, puedes esperar disfrutar de gracia con Dios y con los hombres.

1. ¿De quién buscas, en última instancia, la aprobación?

2. ¿Tu deseo de agradar al hombre supera tu deseo de agradar a Dios?

3. ¿Cómo crees que reaccionarían tus vecinos o amigos incrédulos si les dijeras que eres cristiano? ¿Se sorprenderían?

4. ¿Vives una doble vida?

5. ¿La comunidad de tu iglesia te ve como una persona ejemplar? ¿Qué pruebas hay?

6. ¿Has encontrado personas de confianza que hablen de tu vida tanto para animarte como para reprenderte cuando lo consideren oportuno? Si es así, ¿cómo respondes cuando recibes una reprimenda? ¿También hablas con otros cristianos para animarlos y reprenderlos?

CAPÍTULO 6

Cuatro compromisos claves

Hemos establecido que la búsqueda clave para los cristianos en su adolescencia y adultez temprana es el carácter piadoso. Hemos visto que este carácter se gana sometiéndose a la autoridad y buscando sabiduría, estatura y gracia. Al concluir este pequeño estudio, quiero ofrecer cuatro usos nobles de este tiempo único en la vida. Tu adolescencia y tu adultez no serán desperdiciados si te comprometes con estas actividades.

UN TIEMPO DE SALVACIÓN

Nada es más importante que asegurarse de haber experimentado la salvación ya que sin ella no puede haber un verdadero avance en el carácter. Sin embargo, para muchos, especialmente los que se han criado en familias cristianas, esa confianza puede resultar sorprendentemente difícil de conseguir. Es posible que pronto aprendas que una profesión de fe en la infancia puede parecer muy real en un momento y completamente falsa en otro. Mientras que esperas y oras que tu fe en Cristo abrume y erradique inmediatamente todo deseo de pecar, inevitablemente te encuentras dividido entre el anhelo de honrar a Dios y el anhelo de permitirte lo que Dios prohíbe. Aunque quieres vivir confiado en tu profesión, a veces vacilas y dudas.

La Biblia enseña que la salvación es un don de la gracia

que se da a través de la fe. Para ser salvo, primero debes reconocer que eres un pecador que ha ofendido a un Dios santo y luego, reconocer que Jesucristo murió en la cruz como tu sustituto. No obstante, la fe que necesitas tener es más que el mero reconocimiento de esta información, es también una profunda confianza en Dios. Debes confiar en que Jesucristo ha hecho todo lo necesario para salvarte de tus pecados y darte nueva vida en Él. Lo que importa no es si puedes recordar un instante de salvación en algún momento del pasado, sino si hoy estás confiando en Cristo. ¿Has puesto tu fe en Él? Estos años serán inútiles si no eres cristiano. Haz que este sea un tiempo de salvación.

UN TIEMPO DE SANTIFICACIÓN

Una vez que has puesto tu fe en Jesucristo y has recibido Su salvación, puedes experimentar la alegría de la santificación. Habiendo sido declarado justo, comienzas a ser santo. Algunos han descrito la vida cristiana como "una larga obediencia en la misma dirección", y eso es exactamente cierto. Durante el resto de tu vida estarás identificando el pecado y dándole muerte, al mismo tiempo que reconoces la justicia y le das vida. La vida cristiana se compone de ambas cosas: despojarse del pecado y vestirse de la justicia.

Tu adolescencia y tus veintes serán aprovechados al máximo si los conviertes en un tiempo de santificación. Incluso cuando eres un adolescente o un joven adulto, puedes dar pasos audaces para identificar y superar el pecado y pasos igualmente audaces para abrazar la rectitud. De hecho, durante la adolescencia y los veintes, con la libertad de tiempo y menos responsabilidades, tienes más tiempo y energía que nunca para matar los pecados ahora para que no te atormenten en años posteriores. Como cristiano, estás habitado por el Espíritu Santo, cuyo gozo es motivar y potenciar este trabajo y unirse a ti mientras perseveras. Él opera principalmente a través de la Palabra. Es en la Biblia donde aprenderás lo que cuenta como pecado y justicia. Es en la Biblia donde verás mejor la belleza de la santidad. Es a través de la Biblia que desarrollarás un anhelo de obedecer a Dios que dice: "Sed santos, porque yo soy santo" (1 Pedro 1:16). Haz que este sea un tiempo de santificación.

UN TIEMPO DE PREPARACIÓN

Tu adolescencia y tus veintes también se aprovechan cuando se convierten en un tiempo de preparación. Este libro se ha orientado a ayudarte a desarrollar un carácter que durará toda la vida, pero sólo es un tipo de preparación. En estos años, puedes crecer de otras maneras y al hacerlo, aumentarán las formas en que Dios puede usarte en los días venideros. En tus años de adolescencia y en tus veintes, te estás preparando mientras almacenas los recursos que Dios usará en ti y a través de ti por el resto de tu vida.

Puedes prepararte siendo diligente en tus oportunidades educativas y continuando con la acumulación de conocimientos. Dios puede utilizar todos los conocimientos que adquieras. Puedes prepararte aprendiendo nuevas habilidades, sean relacionadas con la vocación, los pasatiempos o cualquier otra cosa. Dios puede usar cada habilidad que tengas. Puedes prepararte aprendiendo las Escrituras y la teología, escuchando atentamente cada sermón cada domingo, siendo constante en tus devociones personales y leyendo buenos libros. Dios puede utilizar toda la sabiduría que tengas. El hecho es que Dios no puede trabajar con lo que no tienes y estos años son ideales para prepararte para ser usado por Él. Haz de este un tiempo de preparación.

UN TIEMPO DE ACCIÓN

A lo largo de este libro he explicado mi deseo de que los jóvenes cristianos tengan un celo por ser antes de tener un celo por hacer. El mejor uso de estos años no es acumular logros para Dios, sino perseguir a Dios con alegría a través del carácter piadoso. Cuando pido a los jóvenes cristianos que se centren más en el carácter que en los logros, no quiero abogar por la apatía, este no es un llamado a las bajas expectativas sino a las expectativas que están correctamente enfocadas y adecuadamente priorizadas. Como joven cristiano, tendrás muchas oportunidades de servir a Dios sirviendo a Su pueblo. ¡Anímate! ¡Disfrútalas! ¡Aprovéchalas al máximo! Empieza ya a utilizar tus dones, talentos, tiempo, energía y entusiasmo para el bien de los demás y la gloria de Dios. Apunta al gran objetivo de dar gloria a Dios haciendo el bien a los demás: esa es la mejor manera de vivir. Haz de este un tiempo de acción.

¡ADELANTE!

Gracias por leer hasta el final. Tengo la sincera esperanza de que hayas visto la importancia de tu adolescencia y tus veintes como un tiempo para avanzar, y es mi ferviente oración que los uses primero para avanzar en la sumisión a las autoridades dadas por Dios y en esos nobles rasgos de sabiduría, estatura y gracia. Que Dios sea glorificado en ti y a través de ti hoy y por el resto de tu vida. Siempre y para siempre, ¡adelante!

1. ¿Has puesto tu fe en Cristo?

2. ¿Estás dando prioridad a tu santificación? ¿Cuánto tiempo pasas en la Palabra regularmente?

3. ¿Cómo utilizarás tu adolescencia para prepararte para tu vida futura? ¿Qué tipo de competencias quiere adquirir? ¿Serás diligente para aprender todo lo que puedas?

4. ¿Cómo utilizarás estos años únicos en tu vida para servir a los demás?

Publicaciones de la serie

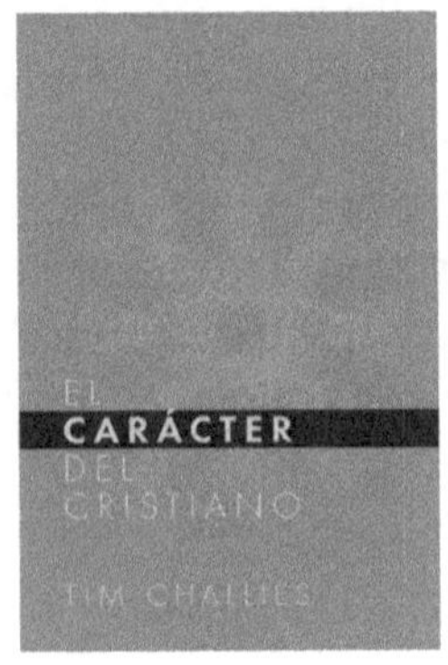

El carácter del cristiano
Tim Challies

En este libro Challies explora la Biblia a fin de considerar cómo podemos ser mejores ejemplos de las más altas virtudes cristianas. Al considerar el carácter del cristiano, nos estimularemos unos a otros al amor, a las buenas obras y a la semejanza de Cristo.

Sé ejemplo
Tim Challies

Hay muchas formas de invertir tu tiempo en esta etapa de tu vida, pero la Biblia me ha convencido de que ninguna es mejor que la búsqueda de la piedad.

Acompáñame mientras exploramos estas áreas y vemos cómo se aplican a lo que piensas, a lo que dices, a lo que está oculto en tu corazón y lo que transmites en tu vida.

Envejecer con gracia
Tim Challies

Para envejecer con gracia debemos envejecer en Cristo y para Cristo. ¿Qué significa envejecer con gracia? ¿Qué debemos hacer ahora para asegurarnos de terminar esta carrera con fuerza?

Estas son preguntas para todos los cristianos, jóvenes y adultos. Afortunadamente, la Biblia habla claramente sobre cómo envejecer y cómo envejecer bien.

Otras publicaciones

¿Qué es la Teología Bíblica?
James M. Hamilton Jr.

En ¿Qué es la teología bíblica?, Jim Hamilton nos introduce a esta narración, ayudándonos a entender la visión del mundo de los escritores bíblicos para que podamos leer el Antiguo y el Nuevo Testamento como esos autores pretendían.

Principios de Conducta
John Murray

En este libro, Murray señala al lector una y otra vez a toda la Escritura como la autoridad básica en asuntos de conducta cristiana.

Teología Bíblica en la vida de la Iglesia
Michael Lawrence

Este libro distingue entre el poder de la narración en la teología bíblica y el poder de la aplicación en la teología sistemática, pero también hace hincapié en la importancia de su colaboración en el ministerio.

La Gloria de Dios en la salvación a través del Juicio [Vol. 1]
James M. Hamilton Jr.

Hamilton se mueve a través de la Biblia libro por libro, mostrando que hay un centro teológico para toda la Biblia. El método sistemático y el alcance del volumen lo convierten en un recurso único para pastores, profesores y estudiantes.

El Templo y la Misión de la Iglesia
G. K. Beale

Esta estimulante exposición traza el tema del tabernáculo y el templo a lo largo de la historia de la Biblia, iluminando también muchos textos y temas estrechamente relacionados.

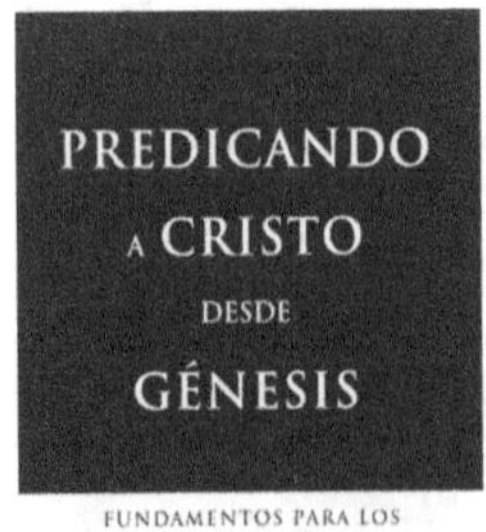

Predicando a Cristo desde Génesis
Sidney Greidanus

Predicando a Cristo desde Génesis ofrece más de la sólida y práctica homilética de Greidanus. Incluye útiles apéndices como: "Diez pasos del texto al sermón", "Una modelo de sermón expositivo" y tres de los sermones propios del autor desde Génesis - este volumen será un recurso invaluable para predicadores y maestros de la Biblia.

El Reino de Dios: el bien supremo
Herman Bavinck

En un sentido amplio, podemos decir que Dios es el bien supremo para todas las criaturas. Porque Dios es el Creador y sustentador de todas las cosas, la fuente de todo ser y vida, la fuente abundante de todo bien.

Pero el concepto de bien supremo suele incluir la idea de que también es conocido y disfrutado por las criaturas. Este libro nos permitirá ver que el mayor bien del hombre es Dios, y solo Dios.

El Cristiano frente al Odio del Mundo
Ps. Julio César Benitez

Este libro relata una exposición concisa de los capítulos 16 y 17 del libro de Juan, allí el autor expone como el cristiano es odiado por mundo y cuál debe ser la respuesta que debe dar.

Dar a luz con esperanza
Gloria Furman

En Dar a Luz con Esperanza, Gloria Furman te ayuda a ver el embarazo, la infertilidad, el aborto espontáneo, el dolor del parto y la nueva vida en el marco de la narrativa bíblica más amplia, infundiendo un significado celestial a tu experiencia personal al explorar cómo apuntan a realidades eternas.

Síguenos en redes sociales
como **@montealtoes**

También puedes visitanos en:
www.montealtoeditorial.com

9 789585 977199